Sylvie von Rüden

Problematik des automatischen Bestellvorschlags im ED ، ‗
schaftssystem

Sylvie von Rüden

# Problematik des automatischen Bestellvorschlags im EDV-gestützten Warenwirtschaftssystem

diplom.de

**Bibliografische Information der Deutschen Nationalbibliothek:**

Bibliografische Information der Deutschen Nationalbibliothek: Die Deutsche Bibliothek verzeichnet diese Publikation in der Deutschen Nationalbibliografie; detaillierte bibliografische Daten sind im Internet über http://dnb.d-nb.de/ abrufbar.

Copyright © 1994 Diplomica Verlag GmbH
Druck und Bindung: Books on Demand GmbH, Norderstedt Germany
ISBN: 978-3-8386-4021-1

http://www.diplom.de/e-book/219655/problematik-des-automatischen-bestellvor-schlags-im-edv-gestuetzten-warenwirtschaftssystem

Sylvie von Rüden

# Problematik des automatischen Bestellvorschlags im EDV-gestützten Warenwirtschaftssystem

Diplomarbeit
an der Berufsakademie Mannheim
Fachbereich Wirtschaftswissenschaften
Institut für Wirtschaftsinformatik
Juni 1994 Abgabe

*Diplom.de*

Diplomica GmbH
Hermannstal 119k
22119 Hamburg

Fon: 040 / 655 99 20
Fax: 040 / 655 99 222

agentur@diplom.de
www.diplom.de

ID 4021

ID 4021
von Rüden, Sylvie: Problematik des automatischen Bestellvorschlags im EDV-gestützten
Warenwirtschaftssystem
Hamburg: Diplomica GmbH, 2001
Zugl.: Mannheim, Berufsakademie, Diplomarbeit, 1994

Diplomica GmbH
http://www.diplom.de, Hamburg 2001
Printed in Germany

INHALTSVERZEICHNIS

1. Einleitung ........................................... 1
2. Problemstellung ...................................... 3
3. Der Bestellvorschlag im EDV-gestützten
   Warenwirtschaftssystem - Möglichkeiten und
   Grenzen .............................................. 4
4. Voraussetzungen für einen automatischen
   Bestellvorschlag ..................................... 7
   4.1 Warenbestandsführung ............................. 7
   4.2 Verkaufsdatenerfassung ........................... 8
   4.3 Feststellen von Lieferrückständen ................ 10
5. Erstellung des automatischen Bestellvorschlags ....... 12
   5.1 Grundlagen - Aufbau der Dispositionsliste ........ 12
       5.1.1 Umsätze .................................... 13
       5.1.2 15-Tage-Umsatz ............................. 14
       5.1.3 Dispotage .................................. 14
       4.1.4 Bestand Soll/Ist ........................... 16
       5.1.5 Lieferrückstand und Lieferdatum ............ 17
       5.1.6 Bestandsreichweite ......................... 18
   5.2 Der Bestellvorschlag ............................. 18
       5.2.1 Bestellkorrektur ........................... 21
       5.2.2 Liefertermin ............................... 21
       5.2.3 Mindestabnahmemenge ........................ 22
6. Probleme im Umgang mit dem automatischen Bestellvorschlag und Lösungsansätze .................... 24
   6.1 Bestandsdifferenzen .............................. 24
       6.1.1 Inventurbestände ........................... 25
       6.1.2 Warenzugang ................................ 26
       6.1.3 Warenabgang ................................ 30
   6.2 Falsche Speicherung der Dispotage ................ 34
   6.3 Dispofaktor wird nicht genutzt ................... 35
   6.4 Lieferrückstand ist nicht aktuell ................ 35
7. Schlußbemerkung ...................................... 37

# 1. Einleitung

Im Einzelhandel hat der Einsatz der elektronischen Datenverarbeitung in letzter Zeit eine sehr starke Bedeutung bekommen. Die Gewinnung und Übertragung von Informationen durch den Menschen wird dabei immer mehr durch neue Technologien abgelöst. Man spricht in diesem Zusammenhang von EDV-gestützten Warenwirtschaftssystemen. Der Einsatz solcher Systeme ist notwendig, da Entscheidungen im Handel ihrem Wesen nach sehr risikobehaftet sind.

Im Einzelhandel offenbart sich dieses Unsicherheitsproblem besonders deutlich im Bestellwesen und der Warenpräsenz. Ständig stellt sich die Frage, ob Waren in ausreichendem Maße geordert wurden, ohne übermäßige und kapitalintensive Lagerbestände oder Sortimentslücken in Kauf nehmen zu müssen.[1]

EDV-gestützte Warenwirtschaftssysteme ermöglichen in diesem Zusammenhang:

- eine bessere Übersicht über die vorhandenen Lagerbestände,
- eine schnelle und gezielte Auswertung aus Lagerbeständen über Schwerpunkte, Besonderheiten und Ausreißer, sowie kurzfristige Reaktionsmöglichkeiten,
- auf längere Sicht eine möglicherweise beträchtliche Senkung der Lagerbestände bei gleichbleibender oder sogar verbesserter Lieferbereitschaft,
- eine exaktere Bedarfsermittlung durch den Einsatz verfeinerter Berechnungsverfahren,
- größere Flexibilität und Schnelligkeit bei Bedarfsänderungen.[2]

---

[1] Jecht, H., Warenwirtschaftssysteme, S. 6

[2] Grupp, B., Materialwirtschaft mit EDV, S. 23

Die dadurch geschaffene Informationsbasis bildet die
Grundlage für die Bedarfsermittlung. Hier unterscheidet man grundsätzlich zwei Verfahrensweisen.

Beim Bestellrhythmus-Verfahren erfolgt die Disposition in festen Zeitabständen. Während die Bestellter-
mine fest vorgeschrieben sind, werden die Bedarfsmen-
gen entsprechend dem Verbrauch der zurückliegenden
Periode an den wechselnden Absatz angepaßt.

Beim Bestellpunkt-Verfahren dagegen sind Bedarfsmenge
und Meldebestand festgelegt; doch richtet sich der
Zeitpunkt, zu dem die Bestellung ausgelöst wird danach, wann der Meldebestand erreicht wird. Der Meldebestand bestimmt also den Zeitpunkt der Bestellung
und damit das Bestellintervall.[3]

Verbindet man die Vorteile des Bestellpunkt-Verfah-
rens mit denen des Bestellrhythmus-Verfahrens, so
erhält man als Mischform das in der Literatur sogenannte Bestellpunkt-Bestellgrenzensystem.[4] Hier wird
in periodischen Abständen überprüft, ob der verfüg-
bare Bestand den Bestellpunkt erreicht oder unter-
schritten hat. Wenn das der Fall ist, wird die Differenz zwischen der vorher festgelegten Bestellgrenze
und dem Restbestand bestellt. Ist das nicht der Fall,
wird der nächste Überprüfungszeitpunkt abgewartet und
der Bestand fortgeschrieben.

Das beschriebene Bestellpunkt-Bestellgrenzensystem
liegt dem Bestellverfahren zugrunde, welches in der
SUMA München angewandt wird.

---

[3] Bickhardt, G., EDV-gestützte Warenwirtschaft, S. 34

[4] Arnold, H. /Heege, F. /Tussing, W., Mawi und Einkauf, S. 96

## 2. Problemstellung

Der Einfluß EDV-gesteuerter Warenwirtschaftssysteme wird am deutlichsten bei der Ermittlung der Bestellmengen und -zeitpunkte. Nach der Vorgehensweise unterscheidet man hier zwischen automatischen Bestellsystemen und Bestellvorschlagssystemen.

Automatischen Bestellsystemen liegen folgende Überlegungen zugrunde: Sobald der Bestand einer Ware unter eine festgelegte Mindestmenge sinkt, wird vom Programm automatisch eine neue Bestellung beim entsprechenden Lieferanten veranlaßt. Da Sortimente in vielen Fällen starken Wandlungen unterliegen, (z.B. Zucker, während der Einmachzeit oder Mehl, während der Weihnachtsbäckerei), werden automatische Bestellsysteme im Rahmen EDV-gestützter Warenwirtschaftssysteme nur noch selten angewandt.

Viele Programme bieten dagegen Bestellvorschlagsysteme an. Das EDV-gestützte Warenwirtschaftssystem löst nicht unmittelbar eine Bestellung aus, sondern gibt nur einen Bestellvorschlag zu Dispositionszwecken ab. Dadurch wird das Wissen des Disponenten vertieft, ohne ihm seine eigentliche Aufgabe, das Treffen von Verbrauchsvorhersagen und Dispositionsentscheidungen, abzunehmen.[5]

Dieser Bestellvorschlag ist Bestandteil im EDV-gestützten Warenwirtschaftssystem des Metro-Einzelhandels, welches in der SUMA München Anwendung findet. In dieser Arbeit soll das Bestellvorschlagsystem der SUMA München vorgestellt, hierfür notwendige Voraussetzungen aufgezeigt, sowie Probleme der Umsetzung in der Praxis beleuchtet werden.

---

[5] Heinemeier, H./Limpke, P./Jecht, H., Wirtschaftslehre, S. 299

## 3. Der Bestellvorschlag im EDV-gestützten Warenwirtschaftssystem - Möglichkeiten und Grenzen

Der Einsatz von Systemen mit Bestellvorschlag setzt voraus, daß der künftige Bedarf aus dem Verbrauch der Vergangenheit abgeleitet werden kann. Man spricht auch von verbrauchsgesteuerter Disposition. Die Berechnung, ob und in welcher Höhe ein Bestellvorschlag ausgelöst werden soll, stützt sich auf Vergangenheitswerte. In größeren Zeitabständen werden Mittelwerte und Schwankungsbreiten des Bedarfs ermittelt und im Rahmen einer stochastischen Bedarfsprognose in die Zukunft extrapoliert.

Mangels genauer Kenntnis des zukünftigen Bedarfs, wird in der Bestellmengenplanung ein gleichmäßiger Abverkauf unterstellt. Der Ungewißheit über den zukünftigen Bedarf, ist bei der Vorratsergänzung dadurch Rechnung zu tragen, daß Sicherheitsbestände gehalten werden, um die gewünschte Verkaufsbereitschaft zu garantieren.[6]

Die Anwendung der verbrauchsgesteuerten Disposition setzt voraus, daß Statistiken über den Verbrauch in der Vergangenheit vorhanden sind. Diese Statistiken sind Ergebnis des Einsatzes EDV-gestützter Warenwirtschaftssysteme. Das Bestellvorschlagsystem liefert alle Informationen, die für die Disposition bzw. Bestellung von Interesse sein könnten (z.B. aktueller Bestand, Mindestbestand, Lieferrückstand).

Darüber hinaus wird die Disposition durch Annahmen über die zu erwartenden Umsätze, die auf der genauen Beobachtung der Verkäufe aller Waren basieren, er-

---

[6] Melzer-Riedinger, R., Materialwirtschaft, S. 93

leichtert. Weiterhin ist es mit den Bestellinforma-
tionen möglich, die Abläufe in der sich anschließen-
den Beschaffungsrealisation zu rationalisieren. So
reduziert sich der Erfassungsaufwand im Wareneingang
erheblich. Die Bestelldaten werden z.B. über Listen
oder in Form von Listen abgerufen und mit den Waren-
eingangspapieren verglichen. Treten Differenzen auf,
so sind nur noch diese Bestellabweichungen nachzuer-
fassen.[7] Je gleichbleibender der Abverkauf, desto
einfacher ist die Bedarfs- und Bestellmenge zu ermitteln.

Grenzen des Bestellvorschlagsystems werden deutlich,
wenn betriebliche und außerbetriebliche Besonderheiten und jahreszeitliche Schwankungen Unregelmäßigkei-
ten in Belieferung und Absatz bestimmter Artikel
erwarten lassen.

Hier gilt es:

- zu verhindern, daß am Gründonnerstag Schokoladen-
  Osterhasen nur deshalb nachbestellt werden, weil
  sie sich in der zurückliegenden Woche so gut verkauft haben.
- bevorstehende Festtage, vor allem Doppelfeiertage
  zu berücksichtigen.
- zu bedenken, daß in der Zeit der Sommerferien
  Absatzrückgänge zu erwarten sind.
- abzuschätzen, welche Auswirkungen eigene Sonderak-
  tionen und die der Mitbewerber haben werden.
- Werbung in Rundfunk und Fernsehen in die Überlegungen einzubeziehen.[8]

---

[7] Jecht, H., Warenwirtschaftssysteme, S. 51

[8] Bickhardt, G., EDV-gestützte Warenwirtschaft, S. 36

Ein weiteres Problem ist in diesem Zusammenhang, die Erstellung von Bestellvorschlägen für neugelistete Artikel. Hier liegen keine ausreichenden Daten über den Vergangenheitsverbrauch des Artikels vor.

An diesen Stellen ist im EDV-gestützten Warenwirtschaftssystem menschliche Einflußnahme nicht nur nötig und möglich, sondern unersetzlich. Der Erfolg des Geschäfts ist hier von der Umsicht und vorausschauenden Phantasie des Disponenten abhängig.

# 4. Voraussetzungen für einen automatischen Bestellvorschlag

## 4.1 WARENBESTANDSFÜHRUNG

Aufgabe der Bestandsführung ist es, Bestände fortzu-
schreiben, zu überwachen, auf Bestandsentwicklungen
zu reagieren und statistische Daten auszuwerten.[9] In
einem EDV-gestützten Warenwirtschaftssystem übernimmt
der Computer die artikelgenaue Bestandsfortschreibung
nach der bekannten Formel:

Anfangsbestand
+ Zugänge
- Abgänge
= Endbestand

Der Computer führt diese Rechnung aus, sobald eine
Bestandsveränderung durch Wareneingang oder Verkauf
ausgelöst wird und speichert den neuen Artikelbestand.

Die kontinuierliche Bestandsermittlung hat für den
Handelsbetrieb einen doppelten Nutzeffekt. Zum einen
kann im Laufe eines Geschäftsjahres der tatsächliche
Bestand eines Artikels jederzeit abgefragt werden
(z.B. für die Disposition oder bei Kundenanfragen).
Zum anderen stehen am Ende eines Geschäftsjahres die
Soll-Bestände aller Artikel, im Rahmen einer perma-
nenten Inventur, ohne zusätzliche Abschlußarbeiten
sofort zur Verfügung.

Darüber hinaus unterstützt der Computer die Wirt-
schaftlichkeit der Lagerhaltung. Wichtige Lagerkenn-
ziffern wie der durchschnittliche Lagerbestand, die

---

[9] Grunwald, H., Erfolgreicher Einkaufen, S. 179

Umschlagshäufigkeit und die durchschnittliche Lager-
dauer werden für Warengruppen beziehungsweise für
einzelne Artikel berechnet.

Die Lagerbestände werden überwacht. Der Computer
"erstattet Meldung", wenn Artikel des Standardsorti-
ments überdurchschnittlich lange auf dem Lager lie-
genbleiben (Pennerliste), wenn ein modischer Artikel
gegen Ende der Saison noch nicht verkauft ist
(Ladenhüter) und wenn der Mindestbestand (eiserner
Bestand) beim Eintreffen neuer Ware noch nicht erreicht war (zu hoch angesetzter Meldebestand). Alle
diese Informationen helfen dem Handelsbetrieb Lagerbestände abzubauen und damit das in den Warenbestän-
den gebundene Kapital zu verringern.[10]

Da bei der Bestandsführung die Grundlagen für einen
korrekten Bestellvorschlag gelegt werden, ist darauf
zu achten, daß alle Warenbewegungen konsequent berücksichtigt werden. Nur so kann ein EDV-gestütztes
Warenwirtschaftssystem verläßliche Zahlen als Grundlage betrieblicher Entscheidungen liefern.

## 4.2 VERKAUFSDATENERFASSUNG

Eine weitere wesentliche Voraussetzung für eine korrekte Ermittlung des Bestellvorschlags ist die artikelgenaue Erfassung der Verkäufe. Eine notwendige
Voraussetzung dafür, ist die Vergabe von Artikelnummern für jeden im Sortiment enthaltenen Artikel.
Verwendet werden können hauseigene Artikelnummern,
die nach betrieblichen Belangen vom Handelsunterneh-
men selbst vergeben werden.

---

[10] Bischoff, O., Datenverarbeitung, S. 53-54

In den meisten Branchen hat sich die Europäische Artikelnummer (EAN) durchgesetzt. Jede handelsübliche Mengen- oder Verpackungseinheit erhält in der Regel vom Hersteller eine eigene Nummer zugeordnet, die den Artikel auf allen Handelsstufen bis hin zum Endverbraucher begleitet.

Die EAN hat folgenden Aufbau:

- zweistelliges Länderkennzeichen
- fünfstellige Betriebsnummer des Herstellers: Sie wird für die Bundesrepublik Deutschland von der Centrale für Coorganisation vergeben .
- fünfstellige Artikelnummer, die der Produzent in eigener Verantwortung vergibt
- eine einstellige Prüfziffer, die große Bedeutung für die Lesesicherheit der EAN hat.

Artikel mit kleinem Volumen können mit einer achtstelligen Kurznummer versehen werden.[11] Die für Hersteller und Handel einheitliche Artikelnummer führt zu einer Erleichterung der Identifikation der Ware auf Preislisten, Belegen, im Regal und auf dem Artikel selbst, sowohl beim Hersteller als auch im Groß- und Einzelhandel.[12]

Um alle Vorteile EDV-gestützter Warenwirtschaftssysteme ausnutzen zu können, müssen die Artikelnummern durch Codes maschinenlesbar gemacht werden. Die Artikelnummern werden also entweder in einem auf Hell-/Dunkelkontrast basierenden Strichcode oder im OCR-Code, der aus normierten Schriftzeichen besteht, für die Lesegeräte verschlüsselt.

---

[11] Jecht, H., Warenwirtschaftssysteme, S. 7-8

[12] Heinemeier, H./Limpke, P./Jecht, H., Wirtschaftslehre, S. 287

Das automatische Lesen der Artikelnummern unterstützt
das Preisabrufverfahren: An der Datenkasse wird eine
identifizierende Artikelnummer - zum Beispiel im EAN-
Code - mit Hilfe handgeführter Lesestifte oder in den
Kassentischen eingebauter Lesegeräte, den sogenannten
Scannern, eingelesen. Die anfallenden Verkaufsdaten
(Warenart, Menge, Zeitpunkt usw.) werden dann von der
Datenkasse an den Zentralrechner zur weiteren Auswer-
tung im Warenwirtschaftssystem übermittelt.

Die EAN sagt jedoch nichts über den Preis der Ware
aus. Deshalb wird der EAN aus dem angeschlossenen
Computer in Bruchteilen von Sekunden ein Preis und
die Artikelbezeichnung im Klartext zugeordnet und an
die Kasse zurückgegeben. Beide Angaben werden auf den
"sprechenden" Kassenbon gedruckt. Dieses Zuordnen des
aktuell gültigen Preises zu einer bestimmten Artikelnummer wird auch "Price-Look-Up-Verfahren" genannt.[13]

Nach Abschluß des Kassiervorgangs wird vom System
automatisch eine Bestandsrechnung durchgeführt und
der neue Artikelbestand gespeichert. Diese Vorgehensweise ermöglicht es dem Benutzer EDV-gestützter Warenwirtschaftssysteme stets aktuell auf die Vielzahl
von Informationen, die jeden Artikel begleiten, zu-
rückzugreifen.

4.3 FESTSTELLEN VON LIEFERRÜCKSTÄNDEN

Damit der Handelsbetrieb gegenüber seinen Kunden
immer lieferbereit ist, muß er dafür sorgen, daß von
ihm bestellte Waren auch tatsächlich zum vereinbarten
Termin eintreffen und auf Lager genommen werden. EDV-
gestützte Warenwirtschaftssysteme helfen dabei,
Bestellungen zu überwachen.[14]

---

[13] Jecht, H., Warenwirtschaftssysteme, S. 8

[14] Jecht, H., Warenwirtschaftssysteme, S. 52

Nach der eigentlichen Bestellung (Eingabe der Daten in den Computer), wird ein Beleg für die spätere Wareneingangserfassung ausgedruckt. Die Daten der Bestellung werden als Order im Computer abgelegt. Alle Bestelldaten, einschließlich der Festlegung von Lieferterminen, bilden den sogenannten "Orderpool". Dieser hilft nicht nur die Abwicklung der Bestellung zu überwachen, sondern ist auch Grundlage für die bei Eingang der Lieferung erforderlichen Arbeiten. Während der Laufzeit der Bestellung kann jederzeit ein "Orderstatus" ermittelt werden.

Damit kann sich der Disponent zum Beispiel darüber informieren,:

- ob ein Artikel bereits bestellt ist (Vermeidung von Doppelbestellungen)
- wann eine Lieferung planmäßig eintreffen wird
- welche Lieferrückstände bestehen
- ob Lieferrückstände anzumahnen sind oder ob es sinnvoller ist Ersatzbestellungen vorzunehmen.

Da die Lieferrückstände direkt zur Berechnung des Bestellvorschlags herangezogen werden, ist es sehr wichtig, daß nur aktuelle Lieferrückstände im Computer gespeichert sind. Es gehört deshalb zur Aufgabe des Disponenten, Bestellungen deren Liefertermin überschritten ist oder Bestellungen die aufgrund von Produktionsengpässen des Lieferanten nicht erfüllt werden können, unverzüglich aus dem Orderpool zu entfernen. Nur so wird gewährleistet, daß im EDV-gestützten Warenwirtschaftssystem aktuelle Daten gespeichert sind, die eine korrekte und automatische Erstellung des Bestellvorschlags ermöglichen.

# 5. Erstellung des automatischen Bestell-
## vorschlags

## 5.1 GRUNDLAGEN - AUFBAU DER DISPOSITIONSLISTE

Mit dem Warenbestand, der Verkaufsdatenerfassung und
dem Lieferrückstand je Artikel sind alle Daten im
EDV-gestützten Warenwirtschaftssystem, die für eine
automatische Bedarfsermittlung und einen Bestellvorschlag benötigt werden. Der Computer trägt die vorhandenen Artikelinformationen zusammen und verdichtet
sie zu einer Dispositionsliste.

Aus den Umsätzen der Vergangenheit wird der durchschnittliche Umsatz der letzten 15 Verkaufstage errechnet. Unter Berücksichtigung des Zeitraumes, für
den disponiert wird, ergibt sich daraus der Sollbestand, der notwendig ist, um die Verkaufsbereitschaft
bis zur nächsten Lieferung zu gewährleisten. Nach
Abzug des vorhandenen Lager-bestandes, sowie des
Lieferrückstandes, berechnet der Computer den Bedarf.
Außerdem gibt er die Reichweite des vorhandenen La-
gerbestandes in Tagen an, so daß der Disponent beim
Vergleich mit der Lieferzeit erkennen kann, ob der
Lagerbestand voraussichtlich bis zum Eintreffen der
Ware reichen wird.

Aus dem Bedarf entwickelt der Computer nun automatisch einen Bestellvorschlag. Dabei berücksichtigt er
Verpackungseinheit und Mindestabnahme des Herstellers.

Neben dieser periodischen Disposition kann die Disposition auch unabhängig von festen Bestellterminen
ausgelöst werden. Der Computer stellt täglich eine
Dispositionsliste aller Artikel zusammen, bei denen
der jeweilige Meldebestand erreicht, oder sogar un-

terschritten ist. Das ist dann der Fall, wenn der
Bestand eines Artikels voraussichtlich nur noch für
vier oder weniger Tage ausreicht. Auch in dieser
Dispositionsliste werden vom Computer Bestellvorschläge angedruckt, soweit zum allgemeinen Ablauf.
Als nächstes werden die Bestandteile der Dispositionsliste die für die Ermittlung des Bestellvorschlags von Bedeutung sind näher erläutert.

### 5.1.1 Umsätze

Die Umsätze werden in Form verschiedener Zahlen angedruckt, um den Disponenten bestmöglich zu informieren. Zum einen sind das die Monatsumsätze in Ver-
kaufseinheiten.

In der Dispositionsliste vom 30.05.1994 werden zum
Beispiel folgende Umsätze angedruckt:

> ˇ93 - 06 = Juni  ˇ93
> ˇ94 - 03 = März  ˇ94
> ˇ94 - 04 = April ˇ94
> ˇ93 - 05 = Mai  ˇ93.

Diese Daten ermöglichen es, dem Disponenten Rück-
schlüsse auf eventuelle saisonale Absatzschwankungen
zu ziehen und bei seiner Bestellung zu berücksichtigen. Als nächstes wird der Umsatz laufendes Jahr
angedruckt. Er gibt Auskunft über die Abverkaufsmen-
gen des laufenden Geschäftsjahres. Als letzte Umsatz-
zahl gibt der Umsatz laufender Monat, Auskunft über
die Abverkaufsmenge des laufenden Monats.

5.1.2 15-Tage-Umsatz

Der 15-Tage-Umsatz beinhaltet den Verkauf der letzten
15 Verkaufstage.

Errechnung des 15-Tage-Umsatzes (neu):

|  |  | Zahlenbeispiel |
|---|---|---|
|  | 15-Tage-Umsatz (alt) | 90 |
| − | durchschnittlicher Tagesabverkauf |  |
|  | (90:15=6) | 6 |
| + | Abverkauf letzter Verkaufstag | 8 |
| = | 15-Tage-Umsatz (neu) | 92 |

Während der Werbung bleibt der 15-Tage-Umsatz konstant, bezogen auf den letzten Verkaufstag vor dem
Werbebeginn. Ebenfalls bleibt der 15-Tage-Umsatz
konstant bei Null- und Minusbestand. In der Dispositionsliste wird immer der 15-Tage-Umsatz (neu) angedruckt.

5.1.3 Dispotage

Die Dispotage stellen einen Faktor zur Errechnung der
Bedarfsmenge bis zur nächsten Lieferung dar.

Sie setzen sich aus folgenden Punkten zusammen:

1. Lieferzeit
2. Bearbeitungszeit
3. Überprüfungszeit.

In der Dispositionsliste werden unter der Position
Dispotage zwei Zahlen angedruckt, die folgendes aussagen:

Beispiel: Dispotage
4 + 8

Die linke Zahl gibt die Lieferzeit an (hier: 4 Tage),
die zur Ermittlung des Liefertermins herangezogen
wird.

Die rechte Zahl errechnet sich aus:

Bearbeitungszeit  2 Tage
Überprüfungszeit  6 Tage
                  8 Tage

zu 1.) Die Lieferzeit beinhaltet neben der Lieferzeit
des Lieferanten auch bereits die Bestellübermittlung
(per Post, Telefon, oder Vertreter), da die Lieferzeit mit dem Andruck der Bestellung beginnt und mit
dem Eingang der Lieferung endet.

**Beispiel:** Andruck       Lieferung         Lieferzeit
            Bestellung     WE-Eingang
               ⇓              ⇓                 ⇓
            Montag         Freitag           4 Tage

zu 2.) Die Bearbeitungzeit beinhaltet die Bestellvor-
bereitung (das ist der Tag der Disposition), sowie
den Wareneingang und die Vorbereitung der Ware für
den Verkauf.

zu 3. Die Überprüfungszeit ist der Zeitraum von Disposition zu Disposition. Dieser Zeitraum ist abhängig
vom Dispositionskennzeichen. Die Festlegung der Dispositionskennzeichen erfolgt im Markt so, daß pro Tag
etwa 20% aller Lieferanten bzw. Artikel bearbeitet
werden können.

Beispiel:

| Disposition 1x pro Woche | (z.B. DKZ 128) | 6 Tage |
|---|---|---|
| Disposition 2x pro Woche | (z.B. DKZ 144) | 3 Tage |
| Disposition 3x pro Woche | (z.B. DKZ 168) | 2 Tage |
| Disposition täglich | (z.B. DKZ 001) | kein Tag |

Da die Dispotage zur maschinellen Errechnung des Sollbestandes benötigt werden, nehmen sie unmittelbar Einfluß auf die Bestellgröße und Bestandsgröße.

#### 4.1.4 Bestand Soll/Ist

Der *Sollbestand* ist die, vom Computer auf Basis des 15-Tage-Umsatzes errechnete, Bedarfsmenge, die benötigt wird, um den Zeitraum der Wiederbeschaffung der Ware (Dispotage) zu überbrücken.

Der Computer rechnet:

$$\frac{15\text{-}TGU}{15} \times Dispotage \times \frac{Dispofaktor}{100} = Sollbestand$$

$$\frac{120}{15} \times 12 \times \frac{100}{100} = 96$$

Da sich der 15-Tage-Umsatz auf neue Absatzentwicklungen nur relativ schleppend einstellt, kann der Computer durch künstliche Veränderung des Dispofaktors kurzfristig auf erkennbare Absatzentwicklungen eingestellt werden. Der Dispofaktor ist im Normalfall 100 und wird in der Dispositionsliste nur angedruckt, wenn er von 100 (+ oder - )abweicht.

Beispiel:

1. Saisonbeginn: Änderung des Dispofaktors auf 120

$$\frac{120}{100} = 1,2$$

= Erhöhung des Sollbestandes um 20%

2. Saisonende: Änderung des Dispofaktors auf 80

$$\frac{80}{100} = 0,8$$

= Verringerung des Sollbestandes um 20%

Der Istbestand ist der im Computer gespeicherte Bestand gemäß der maschinellen Bestandsfortschreibung.

Der Computer rechnet:

Bestand alt + Zugang - Abgang = Bestand neu

### 5.1.5 Lieferrückstand und Lieferdatum

Der Lieferrückstand ist die Bestellmenge, die im Orderpool unter einer Bestellnummer gespeichert ist und mit einem maschinell errechneten bzw. vorgegebenen Liefertermin noch zur Auslieferung ansteht. Der Gesamtlieferrückstand wird in der Artikelzeile angedruckt.

Wenn sich der Gesamtlieferrückstand aus mehreren Einzelbestellungen ergibt, werden alle Lieferrückstände eines Artikels aus den jeweiligen Einzelbestellungen untereinander mit Bestellmenge, Lieferdatum und Bestellnummer aufgeführt (siehe Anhang).

5.1.6 Bestandsreichweite

Die Information in der Spalte AT gibt Auskunft darüber, für wieviele Verkaufstage der im Computer gespeicherte Bestand ausreicht.

Beispiel:   15-Tage-Umsatz          = 60 VE

durchschnittlicher

Tagesumsatz (60:15)     = 4 VE

Istbestand              = 16 VE

Danach ist für 4 Verkaufstage ausrei-
chender Bestand vorhanden.

Eventuelle Abweichungen kommen durch das Auf- bzw.
Abrunden bei der maschinellen Berechnung zustande.
Wenn ein Artikel zwar Bestand, aber keinen 15-Tage-
Umsatz aufweist, so erscheint hier die Kennzeich-
nung XX; das ist zum Beispiel bei neugelisteten Artikeln der Fall. Hier liegen dem Computer keine Abver-
kaufsdaten vor, um den 15-Tage-Umsatz errechnen zu
können. Die größtmögliche Bestandsreichweite ist 99
Tage; das gilt auch für Artikel deren Bestandsreichweite größer als 99 Tage ist.

5.2 DER BESTELLVORSCHLAG

Nachdem die Grundlagen für die Erstellung eines maschinellen Bestellvorschlags erläutert wurden, folgt
nun der eigentliche Bestellvorschlag.

Für diesen maschinellen Bestellvorschlag nimmt der
Computer folgende Rechnung vor:

        Sollbestand

     - Istbestand

     - Lieferrückstand

     = Bestellmenge normal

Nach dieser Rechnung führt der Computer zwei Prüfungen durch:

1. Besteht eine Mindestabnahmeverpflichtung bei diesem Lieferanten?
2. Wurde bei einer vereinbarten Mindestabnahmeverpflichtung die Mindestabnahme erreicht bzw. in welchem Umfang wurde sie nicht erreicht?

Ergebnis dieser Prüfung kann sein:

1. Es wurde keine Mindestabnahme vereinbart. In diesem Fall wird die errechnete Bestellmenge in der Spalte Bestellung normal und Bestellung hochgerechnet angedruckt.

2. Die Mindestabnahme wurde zu 100% oder mehr erreicht. Hier wird die errechnete Bestellmenge ebenfalls in den Spalten Bestellung normal und Bestellung hochgerechnet angedruckt.

3. Die Mindestabnahme wurde zu weniger als 50% erreicht. Der Computer druckt die errechnete Bestellmenge in die Spalte Bestellung normal. Die Spalte Bestellung hochgerechnet erhält vier Striche.

4. Die errechnete "Bestellmenge normal" liegt zwischen 50 und 100% der vereinbarten Mindestabnahme. In diesem Fall erfolgt eine *Hochrechnung*, das heißt der Sollbestand wird durch eine künstliche Erhöhung der Dispotage neu ermittelt. Die errechnete "Bestellmenge normal" wird in der Spalte Bestellung normal angedruckt, in der Spalte Bestellung hochgerechnet erscheint die hochgerechnete Menge.

Bei der Berechnung des Bestellvorschlags muß der Computer außerdem noch die kleinste Bestellmenge berücksichtigen. Das ist die sogenannte artikelbezogene Mindestabnahme.

Beispiel: kleinste Bestellmenge = 12, d.h. es muß in 12er Sprüngen (12, 24, 36, usw.) bestellt, bzw. die vom Computer vorgeschlagene Bestellmenge korrigiert werden.

Die kleinste Bestellmenge errechnet sich aus:

$$\frac{\text{Inhalt EK}}{\text{Inhalt VK}} = \frac{36}{6} = 6 \text{ kleinste Bestellmenge}$$

Im Foodbereich ist die kleinste Bestellmenge oft gleich eins. Hier rundet der Computer den Bestellvorschlag automatisch auf fünf Bestelleinheiten auf.

Beispiel:

|  |  |  |
|---|---|---|
| Sollbestand | | 48 |
| - Istbestand | | 27 |
| - Lieferrückstand | | 0 |
| = Bestellung normal | | 21 |

(errechnetes Ergebnis)
Aufgrund des nächsten 5er Sprungs:
Bestellung normal    25

Für Artikel die nicht maschinell bestellt werden sollen, besteht die Möglichkeit einer Bestellsperre Sie erhalten dann im Feld Bestellung normal/hochgerechnet den Hinweis SPERRE.

### 5.2.1 Bestellkorrektur

Hier setzt die Arbeit des Disponenten ein. Der Disponent interpretiert und bewertet die vorliegenden Computerinformationen, er zieht seine eigenen Erfahrungen, insbesondere seine eigene Einschätzung von Marktdaten mit heran.

Da die maschinellen Bestellvorschläge zur Bestellschreibung gespeichert sind, ist es bei Bedarf notwendig, den Bestellvorschlag zu erhöhen oder zu vermindern. Zeigt die Dispositionsliste bei dem zu disponierenden Artikel eine positive Umsatzentwicklung, oder ist eine Aktion mit diesem Artikel geplant, so wird der Disponent den zu erwartenden Mehrumsatz berücksichtigen. Der Bestellvorschlag wird nicht akzeptiert, sondern je nach Bedarf erhöht. Anders wird der Disponent bei sich abzeichnenden Umsatzrückgängen (z.B. Ende des Ostergeschäfts) den Bestellvorschlag mit einer Minuskorrektur senken, oder sogar ganz streichen.

Erfolgt keine Korrektur vom Disponenten, wird der Bestellvorschlag zur Bestellschreibung übernommen. Liegt kein Bestellvorschlag vor, muß die Bestellmenge als Pluskorrektur eingetragen werden.

### 5.2.2 Liefertermin

Für jeden Lieferanten wird ein Lieferterminvorschlag angedruckt.

<u>Der Computer rechnet:</u>

Tagesdatum der
Dispositionsliste    + Lieferzeit = Liefertermin

Automatisch wird geprüft, ob der errechnete Liefertermin auf einen Samstag, Sonntag, Feiertag oder in
die Betriebsferien eines Lieferanten fällt. Ist dies
der Fall, so wird als Liefertermin der nächstmögliche
Anlieferungstag (Werktag) eingesetzt. Der maschinell
errechnete Lieferterminvorschlag kann auf dem jeweiligen Dispositionsblatt korrigiert werden. Die Korrektur erfolgt durch die Streichung des angedruckten
Lieferterminvorschlags und Eintragung des gewünschten
Liefertermins. Bei häufigen Lieferterminänderungen,
wird überprüft, ob die eingegebene Lieferzeit, die
zur Errechnung des Liefertermins herangezogen wird,
korrigiert werden muß.

### 5.2.3 Mindestabnahmemenge

Die zwischen dem Zentraleinkauf und den Lieferanten
vereinbarten Mindestabnahmemengen werden in DM (Basis
ist der Verkaufspreis), Kilogramm, Stück oder Kolli
auf der Dispositionsliste angedruckt. Der Auftragswert der Bestellung muß dieser vereinbarten Mindestabnahme entsprechen. Stellt der Computer fest, daß
die mit dem Lieferanten vereinbarte Mindestabnahme-
menge zu weniger als 50% erreicht wird, druckt er
unter dem Bestellwert den Vermerk NICHTS BESTELLT.

Daraus resultiert:

1. Es wird keine Bestellhochrechnung durchgeführt.
2. Es sind keine Bestellmengen zur Bestellschreibung
   gespeichert.

Beispiel:

Abnahmemenge    Bestellmenge (normal)    Bestellwert
                                         (hochgerechnet)

500 KG <-------> 223 KG                  NICHTS BESTELLT

Häufig kommt es vor, daß ein Lieferant in mehreren Abteilungen vertreten ist. Aus diesem Grund werden die Auftragswerte der Abteilungen einzeln, mit der Angabe der Abteilungsnummer, angelistet.

Beispiel:

| Auftragswert gesamt | Auftragswert Abteilung |
|---|---|
| 1500 DM | 950 DM --> 15 |
| | 550 DM --> 31 |

Damit besteht die Möglichkeit, daß zwischen den einzelnen Abteilungen eine Dispositionsabstimmung erfolgen kann. Nach erfolgter Bearbeitung der Dispositionsliste durch den Disponenten, wird diese zur Bestellschreibung in der EDV-Abteilung abgegeben. Die weiteren Ausführungen werden zeigen, welche Probleme sich bei der Nutzung des automatischen Bestellvorschlags in der Praxis ergeben.

# 6. Probleme im Umgang mit dem automatischen Bestellvorschlag und Lösungsansätze

## 6.1 BESTANDSDIFFERENZEN

Damit ein EDV-gestütztes Warenwirtschaftssystem verläßliche Aussagen über die aktuellen Bestände machen kann, muß dafür gesorgt werden, daß nicht nur die üblichen Wareneingänge und Warenverkäufe vollständig und fehlerfrei verbucht werden, sondern auch solche Vorgänge, die im Tagesgeschäft nur zu leicht übersehen werden und durch unterlassene oder fehlerhafte Buchung zu Bestandsdifferenzen führen. So sind zum Beispiel Warenrücknahmen als sonstige Zugänge, dagegen Bruch, Verderb, Schwund, entdeckte Diebstähle und auch Eigenbedarf als sonstige Abgänge nach Wert und Menge unverzüglich zu erfassen. Nur wenn alle Warenbewegungen konsequent berücksichtigt werden, kann ein EDV-gestütztes Warenwirtschaftssystem verläßliche Zahlen als Grundlage betrieblicher Entscheidungen liefern.[15]

Da der Computer bei der Berechnung des Bestellvorschlags auf die im System gespeicherten Bestände zurückgreift, ist es sehr wichtig, daß diese Bestände stimmen. Ziel der Bestandsführung ist deshalb die Übereinstimmung von körperlichem und maschinellem Bestand. Grundlage der maschinellen Bestandsfortschreibung ist das Ermitteln der Bestände bei der einmal im Jahr durchgeführten Inventur.

---

[15] Bickhardt, G., EDV-gestützte Warenwirtschaft, S. 27

## 6.1.1 Inventurbestände

Mit der Inventur wird der tatsächliche Bestand des
Vermögens und der Schulden für einen bestimmten Zeitpunkt durch körperliche Bestandsaufnahme mengenmäßig
und wertmäßig erfaßt. Die Inventur dient dazu, die
tatsächlich vorhandenen Bestände aufzunehmen und sie
den Buchbeständen gegenüberzustellen.[16]

In der SUMA München erfolgt die Bestandsaufnahme in
Form einer Stichtagsinventur. Die Stichtagsinventur
ist eine körperliche Bestandsaufnahme, die zeitnah
zum Bilanzstichtag (innerhalb von 10 Tagen vor oder
nach dem Bilanzstichtag) durchzuführen ist. Bestandsveränderungen bis zum bzw. vom Bilanzstichtag an,
sind durch Wertfortschreibung oder Wertrückrechnung
zu berücksichtigen. Die Inventur zum Stichtag dauert
häufig ein ganzes Wochenende. Alle erfaßten Artikel
werden doppelt geprüft und in Listen eingetragen.[17]

Dennoch können Zählfehler auftreten, weil:

- das Zählen von ungeschultem Personal durchgeführt
  wird
- Artikel nicht gezählt werden
- falsche Mengen gezählt werden
- Waren mit falscher Artikelnummer aufgenommen und
  nicht korrigiert werden
- verschiedene Regalplätze für gleiche Artikel nicht
  erkannt werden.

Um diese Fehlermöglichkeiten bei der Inventur selbst
klein zu halten, ist sie sorgfältig organisatorisch
und personell vorzubereiten. Dazu gehören unter ande-
rem die zweckmäßige Gestaltung der Arbeitsunterlagen,

---

[16] Oeldorf, G./Olfert, K., Materialwirtschaft, S. 172
[17] Oeldorf, G./Olfert, K., Materialwirtschaft, S. 173

die Ausarbeitung eines detaillierten Inventurplanes, die Aufstellung von Inventurrichtlinien und die Auswahl geeigneter Mitarbeiter und Inventursysteme.[18]

Sind die Inventurdaten im System eingegeben, führt der Computer den Soll-/Ist-Vergleich zwischen den vom System fortgeschriebenen und den am Regalplatz ermittelten Mengen und Werten durch. Wenn Inventurdifferenzen auftreten, werden die Sollbestände berichtigt. Gleichzeitig können diese Differenzen, die ja artikelgenau ausgewiesen sind, auf ihre Ursache untersucht werden, damit geeignete Maßnahmen, z.B. gezielter Diebstahlschutz, getroffen werden können. Auch in dieser Phase der Inventur können sich noch Bestandsdifferenzen ergeben; dann nämlich, wenn eine fehlerhafte Mengenkorrektur durchgeführt wird oder Erfassungsfehler im Rechenzentrum auftreten, welche nicht korrigiert werden.

Hier kann die Fehlerhäufigkeit reduziert werden, indem bei jeder Eingabe eine Reihe von Prüfschritten ablaufen, die, auf Grund von Kontrollmechanismen, Fehler entdecken oder sie nicht zulassen. Es ist also möglich, daß Bestandsdifferenzen auf Grund oben genannter Fehlerquellen ihren Ursprung bereits im Inventurbestand haben.

## 6.1.2 Warenzugang

Eine weitere Ursache für Bestandsdifferenzen liegt in der fehlerhaften Erfassung von Warenzugängen. Unter dem Warenzugang werden alle Vorgänge verstanden, die an der Warenannahme ablaufen. Sie können wert- und mengenmäßig sowohl positiv, als auch negativ sein.

---

[18] Arnold, H./Heege, F./Tussing, W., Materialwirtschaft, S. 46

Warenzugänge sind zum Beispiel:

- Wareneingang
- Wareneingangsberichtigung
- Umlagerung
- Warenrückgabe/Belastungsanzeige
- Bestandsveränderungen.

Beim Wareneingang gibt es folgende Fehlerursachen,
die zu Bestandsdifferenzen führen können:

- der Wareneingang wird nicht taggleich vereinnahmt
- der Wareneingang wird nicht vereinnahmt
- es wird eine falsche Menge vereinnahmt
- gelieferter Naturalrabatt wird nicht vereinnahmt
- im Rechenzentrum unterlaufen Erfassungsfehler
- Artikel werden mit falscher Artikelnummer vereinnahmt.

Bei der Wareneingangsberichtigung, der Umlagerung,
der Warenrückgabe und der Belastungsanzeige sind als
Fehlerursache vorwiegend die Erfassung falscher Daten, sowie die verspätete Erfassung der Vorgänge zu
beobachten. Diese Fehler stören eine ordnungsgemäße
Bestandsführung.

Zur Lösung sieht die Verfasserin zwei Möglichkeiten:

1. Installation von Bildschirmgeräten in der Warenannahme.
2. Konsequente taggleiche Vereinnahmung aller Vorgänge.

zu 1.) Jeder Warenzugang kann somit direkt in der
Warenannahme bearbeitet werden. Der Bearbeiter muß
nur die Bestellnummer eingeben; der Auftrag wird dann
zeilenweise durchgearbeitet. Jede Position, die mit
der Lieferung übereinstimmt, bekommt durch Tasten-

druck ihre Bestätigung. Zeigt sich beim Vergleich
eine Differenz, wird die tatsächlich gelieferte Menge
eingegeben.

In allen Fällen, in denen der Computer einen Wareneingang erfaßt hat, wird im System folgendes bewirkt:

- Der Warenbestand in der Artikelbestandsdatei wird
  artikelgenau fortgeschrieben.
- Die erledigten Bestellungen erhalten einen Ein-
  gangsvermerk.
- Noch offenstehende Bestellungen "merkt" sich der
  Computer und speichert sie in einer Auftragsrück-
  standsdatei ab. In bestimmten Zeitabständen läßt
  sich der Disponent diese Datei anzeigen oder aus-
  drucken, um noch anstehende Lieferungen anzumahnen.[19]

Die Hauptvorteile des Bildschirmeinsatzes im Wareneingang liegen:

- in einer Verkürzung der Liegezeit im Wareneingang.
- in einer erheblichen Leistungssteigerung bei der
  Verbuchung von Wareneingängen.

zu 2.) Die in Punkt Eins angesprochenen Vorteile des
Bildsschirmeinsatzes im Wareneingang, sind zugleich
Voraussetzung für die taggleiche Vereinnahmung aller
Warenzugänge. Nur durch einen rationell gestalteten
Arbeitsablauf in der Warenannahme, bleibt den Mitar-
beitern noch Zeit für das Eingeben von Wareneingangs-
berichtigungen, das Ausstellen von Ersatzlieferschei-
nen, und die Bearbeitung von Umlagerungen oder Bela-
stungsanzeigen. Ein Problem ist in diesem Zusammenhang die taggleiche Eingabe von Bestandsveränderungen
in das System.

---

[19] Bischoff, O./Zehnpfennig, E., Datenverarbeitung, S. 51

Bei den Bestandsveränderungen werden folgende Arten
unterschieden:

1. - nicht mehr verkaufsfähige Artikel
   - defekte oder verdorbene Ware, die dem Lieferan-
     ten nicht mehr belastet werden kann
   - Warenrückgaben unter DM 10,-
2. - Minuskorrektur beim Auffinden einer leeren
   Verpackung
3. - bestands- und wertmäßige Warenummeldungen innerhalb einer Abteilung (z.B. Karton- auf Ein-
   zelware)
   - Ummeldung von Artikel- auf Sammelnummer
4. - auf Kulanzbasis gelieferter Ersatz (identische
   Ware)
5. - Erfassung von Differenzen zwischen körperlichem
   und maschinellem Bestand, die bei kontinuierli-
   chen Bestandskontrollen festgestellt wurden und
   nicht zu klären sind
   - Erfassung von Fundsachen
   - Erfassung von verwertbaren Restbeständen, z.B.
     eine aufgebrochene Verpackung Schokokugel, die
   auch einzeln verkauft werden können.

Das Personal ist darauf hinzuweisen, daß eine lücken-
hafte und nicht zeitnahe (unverzüglich bei Anfall)
Erfassung von Bestandsveränderungen zu Bestandsdifferenzen führt. Der zuständige Mitarbeiter hat die
Abschriften richtig, taggleich und artikelgenau über
das Bestandsveränderungsformular durchzuführen. Nur
die konsequente Umsetzung dieser Anforderung, in
Verbindung mit dem Bildschirmeinsatz in der Warenannahme werden zu einer spürbaren Verminderung der
Bestandsdifferenzen führen.

## 6.1.3 Warenabgang

Die umfangreichen Speichermöglichkeiten des EDV-gestützten Warenwirtschaftssystems ermöglichen es, alle
Warenabgänge artikelgenau zu erfassen. Unter dem
Warenabgang werden alle Vorgänge verstanden, die beim
Warenverkauf an den Kassen ablaufen. Auch diese Vorgänge können wert- und mengenmäßig sowohl positiv,
als auch negativ sein.

Warenabgänge sind zum Beispiel:

- Verkauf
- Gutschrift
- Korrektur der Endkontrolle
· - Korrektur einer Falschauszeichnung
- Eigenbedarf
- Kaufantrag
- Kreditrechnung.

Wie bei den Inventurbeständen und den Warenzugängen,
so gibt es auch bei den Warenabgängen eine Reihe von
Fehlerquellen für Bestandsdifferenzen.

Solche Fehlerquellen sind zum Beispiel:

- Fehler bei der Datenerfassung
    • falsche EAN-Nummer/Artikel-Nummer
    • falsche Menge
    • nicht erfaßte Artikel
- Gleicher Artikel, aber verschiedene Artikel-Nummer
    • Ware von mehreren Lieferanten
    • gleich aussehende Ware
    • Artikel mit gleichen Preisen, aber unter-
      schiedlicher Artikelnummer
- Gutschrift fehlerhaft bearbeitet
    • falsche EAN-Nummer/Artikel-Nummer
    • falsche Menge/falsches Gewicht

- nicht am gleichen Tag erfaßt
- falsch verarbeitete Gutschriften
- Kaufantrag
  - sofortige Umsatzerfassung bei späterem WE
  - falsche EAN-Nummer/falsche Artikel-Nummer
- Warenentnahme für Eigenbedarf
  - falsche Menge/falsches Gewicht
  - nicht erfaßte Artikel
- Kreditrechnung
  - falsche EAN-Nummer/Artikel-Nummer.

Im Folgenden werden die wichtigsten Fehlerquellen erläutert, sowie mögliche Maßnahmen zu deren Ausschaltung aufgezeigt. Als erstes werden nicht mit EAN- oder Artikel-Nummer geladene Artikel angesprochen. Diese Artikel werden an den Kassen über eine Sammelnummer und möglicherweise zu falschen Preisen abgewickelt. Wird ein zu niedriger Preis berechnet, führt das zu einem Verlust; ein zu hoher Preis verärgert den Kunden. Der Kassenablauf wird dadurch oft erheblich verzögert. Da dieser Artikel über die Sammelnummer und nicht über die Artikelnummer erfaßt wird, ergeben sich falsche Bestände, wenn dieser Vorgang nicht korrigiert wird. Eine artikelgenaue Bestandsführung ist nicht mehr gewährleistet.

Um dies zu verhindern ist es unbedingt notwendig, daß alle EAN-ausgezeichneten Artikel vor dem Verbringen in den Markt probegescannt werden. Es dürfen nur geladene Artikel in den Verkauf gebracht werden. Die Mitarbeiter und die Servicekräfte der Fremdfirmen müssen darauf hingewiesen werden.

Ein anderes Problem ist es, wenn Ware beim Kassiervorgang im Einkaufswagen gelassen wird. Wegen der Unübersichtlichkeit werden nicht alle Artikel eingegeben, es drohen Verluste. Hier muß der Kunde von der Kassenkraft dazu aufgefordert werden alle Artikel auf das Förderband zu legen. Eine Ausnahme bilden jedoch sperrige Artikel oder Großgüter. Die Kassenkraft hat sich über den Zustand der Verpackung (beschädigte Verpackung führt zu einer Prüfung des Inhalts) und der entsprechenden Menge abzusichern. Hat der Kunde alle Artikel ordnungsgemäß auf das Förderband gelegt, ist es Aufgabe der Kassenkraft jeden Artikel einzeln zu erfassen.

An dieser Stelle machen die Kassenkräfte oft den Fehler, daß sie Artikel mit gleichem Preis, aber unterschiedlichen Artikelnummern über eine Artikelnummer erfassen und mit der Menge multiplizieren; zum Beispiel sechs verschiedene Sorten einer Schokoladenmarke werden alle unter der Sorte "Vollmilch-Nuss" erfaßt. Bei der Sorte "Vollmilch-Nuss" verringert sich der maschinell gespeicherte Bestand um sechs Stück, während sich der Bestand der fünf anderen Sorten nicht verändert. Bei mehreren hundert Kassiervorgängen einer Kassenkraft am Tag summiert sich dieses Vorgehen schnell zu erheblichen Bestandsdifferenzen.

Die Folge, der als Grundlage für die Berechnung des automatischen Bestellvorschlags dienende maschinelle Bestand ist falsch. Der in der Dispositionsliste angedruckte automatische Bestellvorschlag muß vom Disponenten korrigiert werden, nachdem er sich über die tatsächlichen Bestände am Regal informiert hat.

Hier sieht die Verfasserin folgende Lösungsansätze:

1. Strenge artikelgenaue Erfassung aller Waren an der Kasse.
2. kontinuierliche Bestandskontrollen durch den zuständigen Abteilungsleiter.

zu 1.) Die durch das EDV-gestützte Warenwirtschaftssystem gegebene Möglichkeit der artikelgenauen Bestandsführung muß konsequent genutzt werden. Da an
den Kassen eine Vielzahl von Teilzeitkräften eingesetzt werden, kann nur eine intensive Schulung die
Voraussetzung für einen Einsatz an der Kasse sein.
Das Personal muß über die Wichtigkeit seiner Arbeit
für einen ordnungsgemäßen betrieblichen Ablauf informiert werden. Es ist darauf hinzuweisen, daß die
Kassenkraft jeden Artikel einzeln zu erfassen hat.
Nur so kann eine artikelgenaue Erfassung des Waren-
eingangs gewährleistet werden.

zu 2.) Um Bestandsdifferenzen frühzeitig aufklären zu
können, ist es notwendig, kontinuierliche Bestandskontrollen durchzuführen. Dazu nimmt der zuständige
Abteilungsleiter die körperlichen Bestände nach Möglichkeit morgens vor Öffnung des Marktes auf. An-
schließend vergleicht er die körperlichen Bestände
mit den maschinell gespeicherten Beständen. Werden
Differenzen festgestellt, versucht er diese durch
Überprüfung der Zugangs- und Abgangsvorgänge zu klären. In den meisten Fällen können die Bestandsdifferenzen auf diesem Wege geklärt werden.

Ist eine Klärung der Bestände durch die Überprüfung
der Zugangs- und Abgangsvorgänge nicht möglich, wird
die Differenz mit dem Formular für Bestandsdifferenzen erfaßt. Die maschinellen Bestände werden den
körperlichen Beständen angepaßt. Das EDV-gestützte
Warenwirtschaftssystem kann somit bei der Berechnung
des automatischen Bestellvorschlags auf stimmende
Bestände zurückgreifen. Der Bestellvorschlag ist dann
eine wirkliche Unterstützung für den Disponenten.

## 6.2 FALSCHE SPEICHERUNG DER DISPOTAGE

Da die Dispotage einen Faktor zur Errechnung der
Bedarfsmenge bis zu nächsten Lieferung darstellen,
haben sie einen direkten Einfluß auf den maschinell
ermittelten Bestellvorschlag. Aus diesem Grund, ist
es Aufgabe des Disponenten dafür zu sorgen, daß im
System immer die aktuellen Dispotage gespeichert
sind. Eine Änderung der Dispotage ist zum Beispiel
dann erforderlich, wenn sich die Lieferzeit des Lieferanten verändert. Sobald ein Lieferant beispiels-
weise seine Tourenplanung ändert, und dadurch eine
schnellere Belieferung des Marktes möglich ist, wird
das dem Disponenten mitgeteilt. Dieser gibt die ver-
änderte Lieferzeit über ein Formular in die Lieferan-
tendatei ein. Beim nächsten Andruck der Dispositionsliste wird die geänderte Lieferzeit bei der Berechnung des automatischen Bestellvorschlags vom System
berücksichtigt.

Verändern kann sich auch die Überprüfungszeit. Das
ist dann der Fall, wenn der durch das Dispositionskennzeichen festgelegte Zeitraum von Disposition zu
Disposition abgeändert wird. Liefert ein Lieferant
zum Beispiel Artikel deren Umsatz nicht so stark ist,
kann der Disponent veranlassen, daß die Dispositionsliste nur noch 14-tägig erscheint. Damit wird der
Überprüfungszeitraum größer. Soll der Überprüfungszeitraum kleiner werden, zum Beispiel bei Saisonware,
liegt es beim Disponenten das Dispositionskennzeichen
zu verändern. Wenn der Disponent auf eine korrekte
Speicherung der Dispotage im System achtet, wird der
automatisch erstellte Bestellvorschlag eine deutliche
Arbeitserleichterung für ihn sein.

## 6.3 DISPOFAKTOR WIRD NICHT GENUTZT

Durch die Einfügung eines Dispofaktors in die Formel
zur Errechnung des Sollbestands, wird der Computer
kurzfristig auf erkennbare Absatzentwicklungen eingestellt. Der Dispofaktor ist ein sehr exaktes Instru-
ment zur Steuerung des Bestellvorschlags, da er für
Warengruppen, Warenuntergruppen, Lieferanten und
sogar einzelne Artikel, mit Vorgabe einer Laufzeit
(von JJTTT...bis JJTTT) geändert werden kann. Leider
ist dieser Dispofaktor im EDV-gestützten Warenwirtschaftssystem der SUMA München zur Zeit nicht verfüg-
bar.

Hier werden im Augenblick noch nicht alle Möglichkeiten, die der automatische Bestellvorschlag bietet,
genutzt. Besonders für Artikel, die starken saisona-
len Abverkaufsschwankungen unterliegen, wäre die
Möglichkeit, durch die Eingabe eines Dispofaktors den
Bestellvorschlag zu beeinflussen, von großer Bedeutung. Ziel der Verantwortlichen muß es hier sein, den
Dispofaktor schnellstmöglich zugänglich zu machen.

## 6.4 LIEFERRÜCKSTAND IST NICHT AKTUELL

Der im EDV-gestützten Warenwirtschaftssystem gespeicherte Lieferrückstand geht direkt in die Rechnung
für den maschinellen Bestellvorschlag ein. Von der
Aktualität des Lieferrückstands hängt die Qualität
des Bestellvorschlags nicht unwesentlich ab.

Fließen in die Berechnung zum Beispiel Lieferrückstände ein, deren Lieferdatum überschritten ist, so
verringert sich der Bestellvorschlag um die noch
ausstehende Liefermenge. Oft ist es jedoch der Fall,
daß diese überfälligen Lieferungen nicht mehr eintreffen. Dadurch verliert der Bestellvorschlag an
Aussagekraft. Hält sich der Disponent bei seiner
Bestellung an den aufgrund des Lieferrückstands er-

mittelten Bestellvorschlag, so wird der Lagerbestand
des Artikels nicht immer bis zur nächsten Lieferung
ausreichen. Es besteht die Gefahr von Präsenzlücken.

Um dies zu verhindern, ist es unbedingt notwendig,
daß der Disponent die im Orderpool gespeicherten
Lieferrückstände regelmäßig kontrolliert. Werden
Lieferterminüberschreitungen festgestellt, muß der
Disponent diese überprüfen; d.h. er muß feststellen,
ob diese Aufträge noch zur Anlieferung kommen oder
nicht. Erhält er vom Lieferanten die Auskunft, daß
die Ware nicht mehr geliefert wird, muß der Auftrag
sofort aus dem Orderpool entfernt werden. Nur so kann
gewährleistet werden, daß im EDV-gestützten Warenwirtschaftssystem stets aktuelle Lieferrückstände zur
Errechnung des automatischen Bestellvorschlags gespeichert sind.

# 7. Schlußbemerkung

Die vorliegende Arbeit zeigt, daß der automatische Bestellvorschlag im EDV-gestützten Warenwirtschafts- system das Bestellwesen unterstützt und weiterent- wickelt. Um den Bestellvorschlag optimal nutzen zu können sind eine Vielzahl von Voraussetzungen zu erfüllen und Normen einzuhalten.

Eine Grundvoraussetzung aller Überlegungen zur Dispo- sition sind stimmende Bestände und stimmende Liefer- rückstände, denn es ist notwendig zu wissen, welche Menge eines Artikels vorrätig ist, damit eine korrek- te Bestellmenge ermittelt werden kann. Daher ist eine ständige und intensive Bestandspflege besonders wich- tig.

Durch die Erstellung eines automatischen Bestellvor- schlags vom EDV-gestützten Warenwirtschaftssystem lassen sich die Warenbestände erheblich senken, was eine Senkung der Kapitalbindung mit sich bringt. Ausgehende Artikel sind besser disponiert und verfüg- bar. Insbesondere in der Frischeabteilung ist dies in zweierlei Hinsicht von Bedeutung. Der nachfragende Kunde findet (fast jederzeit) was er sucht, und ge- rade bei Artikeln mit kurzfristiger Haltbarkeit ist Frische immer gewährleistet. Die Abschriften auf Grund vom Ablauf des Mindesthaltbarkeitsdatums redu- zieren sich erheblich.

Neben der Automatisierung der Arbeitsabläufe der Bestellung, verbessert der automatische Bestellvor- schlag durch eine Vielzahl von Daten die Entschei- dungssicherheit des Disponenten. Ein EDV-gestütztes Warenwirtschaftssystem liefert eine Menge Informatio nen gut, schnell und aktuell. Auswahl, Bewertung der Informationen und die darauf aufbauenden Dispositionsentscheidungen bleiben weiterhin in der Hand des Disponenten.

LITERATURVERZEICHNIS

1.) Arnold, H./Heege, F./Tussing, W., Materialwirtschaft und Einkauf, (Gabler Verlag), Wiesbaden
1986
2.) Barth, Klaus, Betriebswirtschaftslehre des
Handels, (Gabler Verlag), Wiesbaden 1988
3.) Bichler, K./Beck, M., Beschaffung und Lagerhaltung im Handelsbetrieb Teil 1, 2. Auflage,
(Gabler Verlag), Wiesbaden 1987
4.) Bickhardt, Gerhard, EDV-gestützte Warenwirtschaft
im Einzelhandel, (Verlag Europa-Lehrmittel), Haan
1989
5.) Bischoff, O./Zehnpfennig, E., Datenverarbeitung
im Einzelhandel, (Verlag Dr.Max Gehlen), Bad Homburg vor der Höhe 1991
6.) Eschenbach, Rolf, Erfolgspotential Materialwirtschaft, (Verlag C.H.Beck), München 1990
7.) Grunwald, Herbert, Erfolgreicher einkaufen und
disponieren, (Verlag Rudolf Haufe), Freiburg
i.Br. 1986
8.) Grupp, Bruno, Bildschirmeinsatz im Einkauf, in:
Uehriftenreihe integrierte Datenverarbeitung in
der Praxis Band 30, (Forkel-Verlag), Stuttgart-
Wiesbaden 1981
9.) Grupp, Bruno, Materialwirtschaft mit EDV im Mit-
tel- und Kleinbetrieb, (expert Verlag),
3.Auflage, Sindelfingen 1986
10.) Hartmann, Horst, Materialwirtschaft Teil 1,
(Verlag Dr. Max Gehlen), Bad Homburg vor der
Höhe 1991
11.) Heinemeier, H/Limpke, P./Jecht, H., Wirtschaftslehre für Kaufleute im Einzelhandel, (Winklers
Verlag Gebrüder Grimm), 1. Auflage, Darmstadt
1990
12.) Jecht, Hans, Warenwirtschaftssysteme, (Winklers
Verlag Gebrüder Grimm), 1. Auflage, Darmstadt
1988

13.) Meisl, Helmut, Wie man eine EDV-unterstützte
     Materialwirtschaft einführt, (Verlag Wissen+
     Praxis),Nürnberg 1986
14.) Melzer-Riedinger, Ruth, Materialwirtschaft,
     (Verlag R. Oldenborg), 2. Auflage, München
     1991
15.) Oeldorf, G./Olfert, K., Materialwirtschaft,
     (Friedrich Kiehl Verlag), 5. Auflage, Kiehl
     1987
16.) Spohrer, Hans, EDV-organisierter Einkauf, Ein
     strategisches Konzept aus der Praxis, in: Fach-
     buchreihe für Materialwirtschaft und Einkauf,
     Band 5, (Verlag industrielle Organisation),
     Nürnberg 1985

Ehrenwörtliche Erklärung


"Ich erkläre hiermit ehrenwörtlich:
1. daß ich meine Diplomarbeit mit dem Thema
   "Problematik des automatischen Bestellvorschlags
   im EDV-gestützten Warenwirtschaftssystem"
   ohne fremde Hilfe angefertigt habe.
2. daß ich die Übernahme wörtlicher Zitate aus der
   Literatur, sowie die Verwendung der Gedanken
   anderer Autoren an den entsprechenden Stellen
   innerhalb der Arbeit gekennzeichnet habe.
3. daß ich meine Diplomarbeit bei keiner anderen
   Prüfung vorgelegt habe.
   Ich bin mir bewußt, daß eine falsche Erklärung
   rechtliche Folgen haben wird.


Olching, 22.06.1994


Sylvie Pinkert

**ANHANG**

DISPO
BZD. 70
Abt. FU00  15

28/05/94

Name des Lieferanten
GASLEK SALITER
** BESTELLANSCHRIFT FUER LAGER /1 NICHT IN DER DATEI GELADEN ! ***
Best.-Anschrift:

Betr.-Nr. 54198
Disp.-Nr.

PLZ 87634
Ort OBERGUENZBURG
Straße ALLGAEU

Postfach

Telefon/Telex
83727030

Seite 161

Dispo-KZ: 128

| Datum letzter Zugang / Abgang | Kd.-VK | Int. VK | V.-Art | Art.-Bezeichnung LIEF.-AK-NR. | B.Dispo-Fakt. | 06/93 03/94 04/94 05/93 | UMSATZ lfd. Jahr | UMSATZ lfd. Monat | UMSATZ lfd. Monat | Sort. x2 | 10 T.- Ums. | Bestand Soll ist | Lief.- Rückst. | Lief.- Datum | Anz. Tg | Bestellung korrekt / nachge. | VKBA | untere Anzahl | Bestell- Moment |
|---|---|---|---|---|---|---|---|---|---|---|---|---|---|---|---|---|---|---|---|
| 941479414d | 179 | 1 | FLKUNDENSM.7,5 0/0 500G MUE-EINC 1311 | | 2260 2990 2150 1640 1662 | 2027 | | | 1359 1178 1482 | 720 | 3105416 | | | 12926612 | | | |
| 94145094140 | 299 | 1 | FLSALITER KU. MILCH 7,5.0L 1540 | | 227 202 928 | 152 | | | 110 95 125 | 603 | 105417 | | | 12914494 | | | |
| 941479414d | 169 | 1 | FLSAL.KAFFEESAHNE 10 0/0 3X.DE 2060 | | 1012 872 729 769 3693 | 624 | | | 424 367 748 | 240 | 3105426 | | | 8927665 | | | |
| 94130941408 | 299 | 1 | PGSPRUEHMAGERMILCHPULVER 250G IN 5109 | | 22 34 57 10 171 | 22 | | | 19 17 50 | 203 | 105438 | | | 10837979 | | | |
| 94130941408 | 399 | 1 | PGSPRUEHVOLLMILCHPULVER 250G INS 5149 | | 30 43 41 35 211 | 48 | | | 31 27 30 | 203 | 3105414 | | | 10837980 | | | |

Liefertermin
03-06.94

Dispofolge
5 + 8

Kindest-Abnahme
20 KOLLI

Bestellung normal
0

Bestellung (hochgerechnet)
NICHTS BESTELLT

0  KOLLI

Auftragsmenge Gesamt
0 DM

Auftragswert
0 DM

Abschlag
15

I* = bereits (neu) bestellt
115241981

**DISPO** 2d/05/94 — ...70 FOOD 15 — Depo-K2.12d

| | | |
|---|---|---|
| Name des Lieferanten | König-Nr. | Telefon/Telex |
| BIOLAN-BIO-ERZEUGN.GMBH | 24541 | 719360580 |
| IHRIG ERBE AGENTUR | 24541/1 | 0911614460 |

| PLZ | Ort | Straße | Postfach |
|---|---|---|---|
| 71560 | SULZBACH | KARL STR.1 | 1225 |
| 8500 | NÜRNBERG 60 | DIEBACHER STR.11 | |

Monatsumsätze VK-Einheiten: 00 /9303/9404/9405/93

| Kost VK | Inh VK | Artikelbezeichnung | LIEF.AR.NR. | Ums. | Bestand Soll | Bestand ist | Best.-hochg. | KLBM | unsere A'westen |
|---|---|---|---|---|---|---|---|---|---|
| 9334093250 115 | 1 | BTVOLLKORN SCHW.SPAETZLE 250 GR | 1300 | 5 | 1 | 1 | 16 | 16 | 16978222 |
| 9334093263 109 | 1 | BTBIO-VOLLKORN SPAGHETTI 250 GR | 2397 | 2 | 1 | 1 | 16 | 16 | 16978224 |
| 9324293224 109 | 1 | BTBIO-VOLLKORN SPAGHETTI 250 GR | 2225 | 2 | 3 | 3 | 16 | 16 | 16978225 |
| 9334093212 109 | 1 | BTBIO-VOLLKORN HOERNCHEN 250 GR | 2153 | 4 | 1 | 1 | 16 | 16 | 16978226 |
| 9320393201 109 | 1 | BTBIO-VOLLKURN SPAETZLE 250 GR | 2081 | 12 | 12 | 12 | 16 | 16 | 16978227 |
| 9320393202 135 | 1 | BTBIO-VOLLKURN BAND 250 GR | 2771 | 1 | 1 | 1 | 16 | 16 | 16810143 |
| 9334093202 115 | 1 | BTVOLLK.-DINKEL- TEIGW.BAND 250G | 2531 | 3 | 6 | 6 | 16 | 16 | 16978228 |
| 9313493221 109 | 1 | BTVOLLKORN-SPINAT-TEIGWAREN 250G | 3217 | 18 | 8 | 8 | 16 | 16 | 16978229 |
| 9313793190 109 | 1 | BTSOJA-TEIGW.SPAGHETTI 250 GR | 3145 | 14 | 5 | 5 | 16 | 16 | 16978230 |
| 9316093141 109 | 1 | BTSOJA-TEIGW.HOERNCHEN 250 GR | 3383 | 2 | 9 | 9 | 16 | 16 | 16810144 |
| 9320893207 109 | 1 | BTSOJA-TEIGWAREN SPAETZLE 250G | 3071 | 8 | 1 | 1 | 16 | 16 | 16978231 |
| 9334093195 109 | 1 | BTSOJA-TEIGW.BAND 250 GR | | | | | | | |

Diverse 7 + 8

| | Mindest-Abnahme | Bestellung normal | Bestellung (hochgerechnet) | Auftragsmenge Gesamt | Abteilung |
|---|---|---|---|---|---|
| Auftragswert | 2.464 DM | 0 DM | 0 DM | 0 DM | 15 25 19 16 |

Liefertermin 06.06.94

1* = bereits (tel) besetzt — Bestelk.Konstk. 115245411

# Diplom.de

# Wissensquellen gewinnbringend nutzen

**Qualität, Praxisrelevanz und Aktualität** zeichnen unsere Studien aus. Wir bieten Ihnen im Auftrag unserer Autorinnen und Autoren Wirtschaftsstudien und wissenschaftliche Abschlussarbeiten – Dissertationen, Diplomarbeiten, Magisterarbeiten, Staatsexamensarbeiten und Studienarbeiten zum Kauf. Sie wurden an deutschen Universitäten, Fachhochschulen, Akademien oder vergleichbaren Institutionen der Europäischen Union geschrieben. Der Notendurchschnitt liegt bei 1,5.

**Wettbewerbsvorteile verschaffen** – Vergleichen Sie den Preis unserer Studien mit den Honoraren externer Berater. Um dieses Wissen selbst zusammenzutragen, müssten Sie viel Zeit und Geld aufbringen.

**http://www.diplom.de** bietet Ihnen unser vollständiges Lieferprogramm mit mehreren tausend Studien im Internet. Neben dem Online-Katalog und der Online-Suchmaschine für Ihre Recherche steht Ihnen auch eine OnlineBestellfunktion zur Verfügung. Inhaltliche Zusammenfassungen und Inhaltsverzeichnisse zu jeder Studie sind im Internet einsehbar.

**Individueller Service** – Gerne senden wir Ihnen auch unseren Papierkatalog zu. Bitte fordern Sie Ihr individuelles Exemplar bei uns an. Für Fragen, Anregungen und individuelle Anfragen stehen wir Ihnen gerne zur Verfügung. Wir freuen uns auf eine gute Zusammenarbeit.

### Ihr Team der Diplomarbeiten Agentur

Diplomica GmbH
Hermannstal 119k
22119 Hamburg

Fon: 040 / 655 99 20
Fax: 040 / 655 99 222

agentur@diplom.de
www.diplom.de